LES PLUS BEAUX POÈMES D'AMOUR

de Ronsard à Aragon

LES PLUS BEAUX POÈMES D'AMOUR

de Ronsard à Aragon

présentés par

Brigitte Fossey

l'Archipel

Si vous souhaitez recevoir notre catalogue et être tenu au courant de nos publications, envoyez vos nom et adresse, en citant ce livre, aux Éditions de l'Archipel,

4, rue Chapon, 75003 Paris.
Et, pour le Canada, à
Édipresse Inc., 945, avenue Beaumont,
Montréal, Québec, H3N 1W3.

ISBN 2-84187-100-2

Préface

Je suis seule, j'écoute : pas un bruit, le silence. Il fait nuit. Tout dort autour de moi – et j'écoute. Mon cœur bat. J'attends. Je voudrais parler. Je voudrais, tout simplement, que quelque chose soit dit : de la solitude, de la mémoire, de la peur de vivre, de l'avenir, de l'espoir, de l'angoisse, de l'espérance aussi...

Mes couvertures sont lourdes. C'est merveilleux, ce poids de l'édredon sur moi, comme quand j'étais petite. Ce soir, tout le monde est sorti : je croyais être heureuse d'être seule, mais, si je ne pouvais pas tendre la main vers la petite porte de ma table de chevet, si je ne pouvais ce soir mettre la main, ou l'œil, ou le cœur, ou l'oreille sur un de mes poèmes préférés, ou inattendus, il y aurait comme une douleur sourde et intense qui s'installerait, qui ferait son nid en moi. Et ça, je ne le veux pas. Il faut que ça passe, que ça s'évanouisse, que ça coule comme du sable, que ça s'écarte comme un changement de lumière après l'orage. Alors, oui, je lis de la poésie comme l'enfant prend le sein de sa mère, pour s'en repaître et pour en vivre.

La poésie, c'est le rêve qui s'évanouit au moment de l'étreindre, c'est aussi l'étreinte d'un rêve au moment où il s'évanouit. La poésie, c'est la vie qui ne peut se traduire qu'en murmure. C'est le cri qui devient chuchotement. C'est l'ouragan qui devient brise fine, c'est l'orage transformé en rosée, c'est peut-être aussi cette poussière de mots qui nous paralyse et nous éclaire au plus fort de notre solitude.

Pourquoi choisir des poèmes d'amour ? Lorsqu'on est venu me le proposer, je jouais justement *La Surprise de l'amour* de Marivaux.

Il m'a paru naturel d'écrire cette préface : cela s'imposait. Et j'ai lu ces merveilleux poèmes de Louise Labé, de Charles Baudelaire, de Victor Hugo, de Paul Éluard. Et de Verlaine : « Voici des fruits, des fleurs, des feuilles et des branches / Et puis voici mon cœur, qui ne bat que pour vous... ». Je pense alors à cette moisson, à cette floraison de poèmes qui disent l'amour, qui le font revivre, ou vivre, comme des fruits juteux dans le désert, pour celui qui marche esseulé depuis longtemps. Je pense à tout cet amour qui s'incarne dans le monde, si souvent bafoué, et pas assez chéri.

Pour les bougies fragiles, il faut l'abri du vent, la protection d'un verre transparent ou d'un métal indestructible. Pour les poèmes d'amour, il faut un cœur de sable, solide et mouvant comme une dune retenue par les pins, dans une nuit silencieuse et bleutée de lune. Poèmes épars, instants vécus du poète, qui nous les donne avec générosité, comme un éclair de sa vie, de son âme, comme une goutte de son sang, pour nous éclairer dans la tourmente, pour endormir notre peine, ou tout simplement pour nous faire rêver devant tant de beauté : même si nous sommes malheureux, il est bon de voir un morceau de ciel, et de fuir dans sa lumière.

Mais il fait noir, et je suis seule. Et j'attends. Je me tais. Et je me souviens. Je me souviens de mon maître, Eugène Detape, qui avait pris goût à la philosophie en captivité, pendant la Seconde Guerre mondiale. Je crois me souvenir que son poème préféré était constitué d'une page blanche, avec, au centre, un mot, un seul : « Quelqu'un. » Et le maître d'ajouter : « Comme le disait Mallarmé, n'est-ce pas là le plus beau des poèmes ? »

D'où vient-il, ce besoin de poésie, ce besoin d'amour au fond de nous, qui nous griffe et nous altère, comme si notre dessein biologique était de nous tourner vers tout ce qui est l'Autre, et que le champ de ce regard, accepté ou refusé, se transformait en chant, quand surgit en nous l'absence... L'absence de Dieu, l'absence de l'amour, de ce qui a été, de ce que l'on voudrait aujourd'hui, de ce que l'on sera demain, cette absence subtile, qui devient poème.

Est-ce Dieu ou nos pères qui ont signé le corps des êtres en y inscrivant l'infinie possibilité de poésie ? Ou est-ce la poésie qui nous restaure en nous rendant à nous-mêmes, s'il est vrai que nous sommes « poussière d'étoiles » ?

Brigitte Fossey

SEIGNEURS, VOUS PLAÎT-IL...

Seigneurs, vous plaît-il d'entendre
Un beau conte d'amour et de mort ?
C'est de Tristan et d'Iseut la reine.
Écoutez comment à grand'joie,
A grand deuil ils s'aimèrent,
Puis en moururent un même jour,
Lui par elle, elle par lui.

(Tristan et Iseut,
d'après Joseph Bédier)

LE PHILTRE D'AMOUR

Au troisième jour, comme Tristan venait vers la tente, dressée sur le pont de la nef, où Iseut était assise, Iseut le vit s'approcher et lui dit humblement :

« Entrez, seigneur.

– Reine, dit Tristan, pourquoi m'avoir appelé seigneur ? Ne suis-je pas votre homme lige, au contraire, et votre vassal, pour vous révérer, vous servir et vous aimer comme ma reine et ma dame ? »

Iseut répondit :

« Non, tu le sais, que tu es mon seigneur et mon maître ! Tu le sais, que ta force me domine et que je suis ta serve ! Ah ! que n'ai-je avivé naguère les plaies du jongleur blessé ! Que n'ai-je laissé périr le tueur du monstre dans les herbes du marécage ! Que n'ai-je assené sur lui, quand il gisait dans le bain, le coup de l'épée déjà brandie ! Hélas ! je ne savais pas alors ce que je sais aujourd'hui.

– Iseut, que savez-vous donc aujourd'hui ? Qu'est-ce donc qui vous tourmente ?

– Ah ! tout ce que je sais me tourmente, et tout ce que je vois. Ce ciel me tourmente, et cette mer, et mon corps, et ma vie ! »

Elle posa son bras sur l'épaule de Tristan ; des larmes éteignirent le rayon de ses yeux, ses lèvres tremblèrent.

Il répéta :

« Amie, qu'est-ce donc qui vous tourmente ? »

Elle répondit :

« L'amour de vous. »

Alors il posa ses lèvres sur les siennes.

Les amants s'étreignirent ; dans leurs beaux corps frémissaient le désir et la vie.

Et quand le soir tomba, sur la nef qui bondissait plus rapide vers la terre du roi Marc, liés à jamais, ils s'abandonnèrent à l'amour.

(Tristan et Iseut)

YVAIN AMOUREUX

Personne, s'il n'est courtois et sage,
ne peut rien connaître de l'Amour ;
mais telle est sa loi
à laquelle personne ne peut échapper :
Amour veut vendre le droit d'entrée dans son fief.
Quel en est le péage ?
Il faut dépenser raison
et laisser mesure en gage.

Un cœur fou, frivole et volage
ne peut rien apprendre d'Amour.
Mais mon cœur n'est pas ainsi fait,
car il aime sans rien attendre en retour.
Avant de penser être pris au piège,
j'étais hostile et farouche envers Amour ;
maintenant, sans pouvoir l'expliquer,
il me plaît que mon infortune tourne à son profit.

(Chansons)

GRANDE PEINE M'EST ADVENUE...

Grande peine m'est advenue
Pour un chevalier que j'ai eu.
Je veux qu'on sache en tous les temps
L'excès d'amour que lui portais.
A présent me voilà trahie,
Pour ne lui point donner d'amour
Quand je fus en grande folie,
Au lit comme toute vêtue !

Comme voudrais mon chevalier
Tenir un soir en mes bras nus,
Il en serait comblé de joie
Si lui servais de doux coussin,
Car plus en suis enamourée
Qu'un jour Flore de Blanchefleur,
Mon cœur lui donne, et mon amour,
Mon âme, mes yeux et ma vie.

Bel ami, charmant et plaisant,
Qu'un jour vous aie en mon pouvoir,
Et que couche avec vous un soir,
En vous donnant baisers d'amour !
Sachez quel grand plaisir j'aurais
De vous en place de mari
Pourvu que me donniez promesse
De tout faire à mon bon vouloir.

(Chansons)

BALLADE DE DAME

Très doux ami, que j'aime sur tous et prise,
Je loue Amour par qui j'ai été prise,
Et vous aussi, quand vous faites l'emprise
    Pour moi surprendre ;
Car je sens ja qu'en la douce pourprise [1]
D'Amour, par vous de qui je suis surprise,
Grande joie aurai, et que de l'entreprise
    Bien m'en doit prendre.

Mais j'ai longtemps fait comme malapprise
De mettre tant, dont dois être reprise,
A vous aimer. Dieu loue quand m'y suis prise
    Car, sans méprendre,
Vous puis aimer, car on ne me déprise
D'être, d'homme si très-vaillant, éprise ;
Puis qu'être tel que nul ne vous méprise
    Bien m'en doit prendre.

1. Prison.

Or suis vôtre, par droit m'avez acquise,
Plus n'est métier [2] que j'en sois requise,
Amour le veut, et la voie avez quise
    A mon cœur prendre,
Sans mal engin [3], par très loyale pourquise.
Ce sais de vrai, je m'en suis bien enquise,
Et quand ainsi me plaît en toute guise
    Bien m'en doit prendre.

    Ainsi apprendre
Vous m'avez fait, doux ami, la devise
Des tours d'Amour que chacun pas n'avise,
Mais puisque ami ai tout à ma devise
    Bien m'en doit prendre.

(Cent ballades d'Amant et de Dame)

2. Besoin.
3. Ruse

BALLADE D'AMANT

C'est sans retolir [1] jamais
Que remais [2]
Suis, sous votre seigneurie,
Où guérie
Est la grave peine où j'étais,
Et qu'avais,
Dont vous mercie, demoiselle,
Toute belle.

Bien vous dois servir quand trait
Et retrait
M'avez de la desverie [3]
Où périe
Ma vie était, et n'avait
Bien ni joie,
Mais or ai autre nouvelle,
Toute belle.

1. Faire retour en arrière.
2. Resté.
3. Folie.

Si me feront vos doux traits,
Tout parfaits,
Vivre en plaisance série [4]
Qui tarie
Je ne sera, c'est la proie
Qui rejoie
Mon cœur qui souvent appelle
Toute belle.

Où que je sois,
Certes bien dois quérir voie
De servir m'amour nouvelle,
Toute belle.

(Cent ballades d'Amant et de Dame)

4. Douce.

QUE ME CONSEILLEZ-VOUS... ?

Que me conseillez-vous, mon cœur ?
Irai-je par devers la belle,
Lui dire la peine mortelle
Que souffrez pour elle en douleur ?

Pour votre bien et son honneur,
C'est droit que votre conseil cèle.
Que me conseillez-vous, mon cœur,
Irai-je par devers la belle ?

Si pleine la sais de douceur
Que trouverai merci en elle,
Tôt en aurez bonne nouvelle.
J'y vais, n'est-ce pour le meilleur ?
Que me conseillez-vous, mon cœur ?

(Rondeaux)

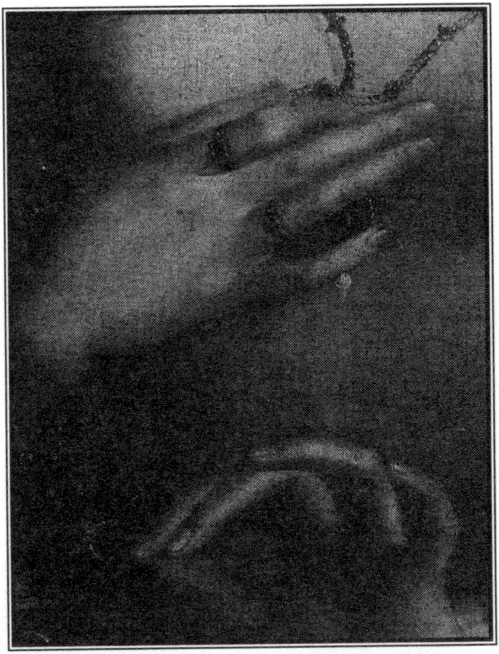

École de Fontainebleau, *Dame à sa toilette*, XVIe s.

MA SEULE AMOUR...

Ma seule amour, ma joie et ma maîtresse
Puisqu'il me faut loin de vous demeurer,
Je n'ai plus rien, à me réconforter,
Qu'un souvenir pour retenir liesse.

En alléguant, par Espoir, ma détresse,
Me conviendra le temps ainsi passer,
Ma seule amour, ma joie et ma maîtresse,
Puisqu'il me faut loin de vous demeurer.

Car mon cœur las, bien garni de tristesse,
S'en est voulu avecques vous aller,
Ne je ne puis jamais le recouvrer,
Jusque verrai votre belle jeunesse,
Ma seule amour, ma joie et ma maîtresse !

(Rondeaux)

DE L'AMOUREUX ARDENT

Au feu, qui mon cœur a choisi,
Jetez-y, ma seule Déesse,
De l'eau de grâce et de liesse,
Car il est consommé quasi.

Amour l'a de si près saisi,
Que force est qu'il crie sans cesse :
Au feu !

Si par vous en est dessaisi,
Amour lui doit plus grand'détresse,
Si jamais sert autre maîtresse :
Doncques, ma Dame, courez-y
Au feu.

(Œuvres)

DE SA GRANDE AMIE

Dedans Paris, Ville jolie,
Un jour, passant mélancolie,
Je pris alliance nouvelle
A la plus gaie demoiselle
Qui soit d'ici en Italie.

D'honnêteté elle est saisie.
Et crois – selon ma fantaisie –
Qu'il n'en est guère de plus belles
    Dedans Paris.

Je ne la vous nommerai mie,
Sinon que c'est ma grande amie ;
Car l'alliance se fit telle
Par un doux baiser que j'eus d'elle,
Sans penser aucune infamie,
    Dedans Paris.

(Œuvres)

EN TOI JE VIS...

En toi je vis, où que tu sois absente ;
En moi je meurs, où que sois présent.
Tant loin sois-tu, toujours tu es présente ;
Pour près que sois, encore suis-je absent.
    Et si nature outragée se sent
De me voir vivre en toi trop plus qu'en moi,
Le haut pouvoir qui, œuvrant sans émoi,
Infuse l'âme en ce mien corps passible,
La prévoyant sans son essence en soi,
En toi l'étend, comme en son plus possible.

(Délie)

MOINS JE LA VOIS…

Moins je la vois, certes plus je la hais ;
Plus je la hais, et moins elle me fâche.
Plus je l'estime, et moins compte j'en fais ;
Plus je la fuis, plus veux qu'elle me sache.
En un moment deux divers traits me lâche,
Amour et haine, ennui avec plaisir.
Forte est l'amour qui lors me vient saisir
Quand haine vient et vengeance me crie ;
Ainsi me fait haïr mon vain désir
Celle pour qui mon cœur toujours me prie.

(Délie)

CHANSON

Quand vous voyez, que l'étincelle
Du chaste Amour sous mon aisselle
Vient tous les jours à s'allumer,
Ne me devez-vous bien aimer ?
Quand vous me voyez toujours celle,
Qui pour vous souffre, et son mal cèle,
Me laissant par lui consumer,
Ne me devez-vous bien aimer ?
Quand vous voyez, que pour moins belle
Je ne prends contre vous querelle,
Mais pour mien vous veux réclamer,
Ne me devez-vous bien aimer ?
Quand pour quelque autre amour nouvelle
Jamais ne vous serai cruelle,
Sans aucune plainte former,
Ne me devez-vous bien aimer ?
Quand vous verrez que sans cautelle
Toujours vous serai été telle
Que le temps pourra affermer,
Ne me devrez-vous bien aimer ?

(Rymes)

NON QUE JE VEUILLE...

Non que je veuille ôter la liberté
A qui est né pour être sur moi maître :
Non que je veuille abuser de fierté,
Qui à lui humble et à tous devrais être ;
Non que je veuille à dextre et à senestre
Le gouverner, et faire à mon plaisir :
Mais je voudrais, pour nos deux cœurs repaistre,
Que son vouloir fût joint à mon désir.

(Rymes)

CE NE SONT PAS CES BEAUX CHEVEUX...

Ce ne sont pas ces beaux cheveux dorés,
Ni ce beau front qui l'honneur même honore,
Ce ne sont pas les deux archers encore
De ces beaux yeux de cent yeux adorés,

Ce ne sont pas les deux brins colorés
De ce corail, ces lèvres que j'adore,
Ce n'est ce teint emprunté de l'Aurore,
Ni autre objet des cœurs énamourés,

Ce ne sont pas ni ces lys, ni ces roses,
Ni ces deux rangs de perles si bien closes,
C'est cet esprit, rare présent des cieux,

Dont la beauté de cent grâces pourvue
Perce mon âme, et mon cœur, et mes yeux
Par les rayons de sa poignante vue.

(Sonnets de l'honnête amour)

UNE FROIDEUR SECRÈTEMENT BRÛLANTE...

Une froideur secrètement brûlante
Brûle mon corps, mon esprit, ma raison,
Comme la paix anime le tison
Par une ardeur lentement violente.

Mon cœur, tiré d'une force alléchante
Dessous le joug d'une franche prison,
Boit à longs traits l'aigre-douce poison
Qui tous mes sens heureusement enchante.

Le premier feu de mon moindre plaisir
Fait haleter mon altéré désir,
Puis de nos cœurs la céleste androgyne.

Plus saintement vous oblige ma foi
Car j'aime tant cela que j'imagine
Que je ne puis aimer ce que je vois.

(Sonnets de l'honnête amour)

Anonyme, *La Femme entre deux âges*, XVIe s.

JE VIS, JE MEURS...

Je vis, je meurs : je me brûle et me noie.
J'ai chaud estrême en endurant froidure :
La vie m'est et trop molle et trop dure.
J'ai grands ennuis entremêlés de joie :

Tout à un coup je ris et je larmoie,
Et en plaisir maint grief tourment j'endure :
Mon bien s'en va, et à jamais il dure ;
Tout en un coup je sèche et je verdoie.

Ainsi Amour inconstamment me mène :
Et quand je pense avoir plus de douleur,
Sans y penser je me trouve hors de peine.

Puis quand je crois ma joie être certaine,
Et être au haut de mon désiré heur,
Il me remet en mon premier malheur.

(Œuvres)

BAISE M'ENCOR...

Baise m'encor, rebaise-moi et baise ;
Donne m'en un de tes plus savoureux,
Donne m'en un de tes plus amoureux :
Je t'en rendrai quatre plus chauds que braise.

Las ! te plains-tu ? Çà, que ce mal j'apaise,
En t'en donnant dix autres doucereux.
Ainsi, mêlant nos baisers tant heureux,
Jouissons-nous l'un de l'autre à notre aise.

Lors double vie à chacun en suivra.
Chacun en soi et son ami vivra.
Permets m'Amour penser quelque folie :

Toujours suis mal, vivant discrètement,
Et ne me puis donner contentement
Si hors de moi ne fais quelque saillie.

(Œuvres)

ON VOIT MOURIR...

On voit mourir toute chose animée,
Lors que du corps l'âme subtile part :
Je suis le corps, toi la meilleure part :
Où es-tu donc, ô âme bien aimée ?

Ne me laissez pas si long temps pâmée,
Pour me sauver après viendrais trop tard.
Las, ne mets point ton corps en ce hasard :
Rends-lui sa part et moitié estimée.

Mais fais, Ami, que ne soit dangereuse
Cette rencontre et revue amoureuse,
L'accompagnant, non de sévérité,

Non de rigueur : mais de grâce amiable,
Qui doucement me rende ta beauté,
Jadis cruelle, à présent favorable.

(Œuvres)

A CASSANDRE

Mignonne, allons voir si la rose
Qui ce matin avait déclose
Sa robe de pourpre au soleil,
A point perdu cette vesprée
Les plis de sa robe pourprée,
Et son tein au vôtre pareil.

Las ! voyez comme en peu d'espace,
Mignonne, elle a dessus la place
Las las ses beautés laissé choir !
Oh vraiment, marâtre Nature,
Puisqu'une telle fleur ne dure
Que du matin jusques au soir !

Donc, si vous me croyez mignonne,
Tandis que votre âge fleuronne
En sa plus verte nouveauté,
Cueillez, cueillez votre jeunesse :
Comme à cette fleur la vieillesse
Fera ternir votre beauté.

(Les Odes)

L'AUTRE JOUR...

L'autre jour que j'étais sur le haut d'un degré,
Passant tu m'avisas, et me tournant la vue,
Tu m'éblouis les yeux, tant j'avais l'âme émue
De me voir en sursaut de tes yeux rencontré.

Ton regard dans le cœur, dans le sang m'est entré
Comme un éclat de foudre alors qu'il fend la nue.
J'eus de froid et de chaud la fièvre continue,
D'un si poignant regard mortellement outré.

Lors si ta belle main passant ne m'eût fait signe ;
Main blanche, qui se vante être fille d'un cygne,
Je fusse mort, Hélène, au rayon de tes yeux.

Mais ton signe retint l'âme presque ravie,
Ton œil se contenta d'être victorieux,
Ta main se réjouit de me donner la vie.

(Les Amours)

MAÎTRESSE EMBRASSE-MOI...

Maîtresse embrasse-moi, baise-moi, serre-moi,
Haleine contre haleine, échauffe-moi la vie,
Mille et mille baisers donne-moi, je t'en prie,
Amour veut tout sans nombre, amour n'a point de loi.

Baise et rebaise-moi, belle bouche, pourquoi
Te gardes-tu là-bas, quand tu seras blêmie,
A baiser (de Pluton ou la femme ou l'amie)
N'ayant plus ni couleur ni rien semblable à toi ?

En vivant presse-moi de tes lèvres de roses.
Bégaie, en me baisant, à lèvres demi-closes,
Mille mots tronçonnés, mourant entre mes bras.

Je mourrai dans les tiens, puis, toi ressuscitée,
Je ressusciterai, allons ainsi là-bas
Le jour tant soit-il court vaut mieux que la nuitée.

(Les Amours)

STANCES

Quand au temple nous serons
Agenouillés, nous ferons
Les dévots, selon la guise
De ceux qui pour louer Dieu,
Humbles, se courbent au lieu
Le plus secret de l'église.

Mais quand au lit nous serons
Entrelacés, nous ferons
Les lascifs, selon les guises
Des amants qui, librement,
Pratiquent folâtrement
Dans les draps cent mignardises.

Pourquoi doncque, quand je veux,
Ou mordre tes beaux cheveux,
Ou baiser ta bouche aimée,
Ou toucher à ton beau sein,
Contrefais-tu la nonnain
Dedans un cloître enfermée ?

Pour qui gardes-tu tes yeux
Et ton sein délicieux,
Ton front, ta lèvre jumelle ?
En veux-tu baiser Pluton
Là-bas, après que Charon
T'aura mise en sa nacelle ?

Après ton dernier trépas,
Grêle, tu n'auras là-bas
Qu'une bouchette blêmie,
Et quand mort je te verrais
Aux Ombres je n'avouerais
Que jadis tu fus m'amie.

Ton test n'aura plus de peau,
Ni ton visage si beau
N'aura veines ni artères :
Tu n'auras plus que les dents
Telles qu'on les voit dedans
Les têtes des cimetières.

Doncque, tandis que tu vis,
Change, maîtresse, d'avis
Et ne m'épargne ta bouche :
Incontinent tu mourras ;
Lors, tu te repentiras
De m'avoir été farouche.

Ah ! je meurs ! Ah, baise-moi !
Ah ! maîtresse, approche-toi !
Tu fuis comme un faon qui tremble ;
Au moins, souffre que ma main
S'ébatte un peu dans ton sein
Ou plus bas, si bon te semble.

(Les Amours)

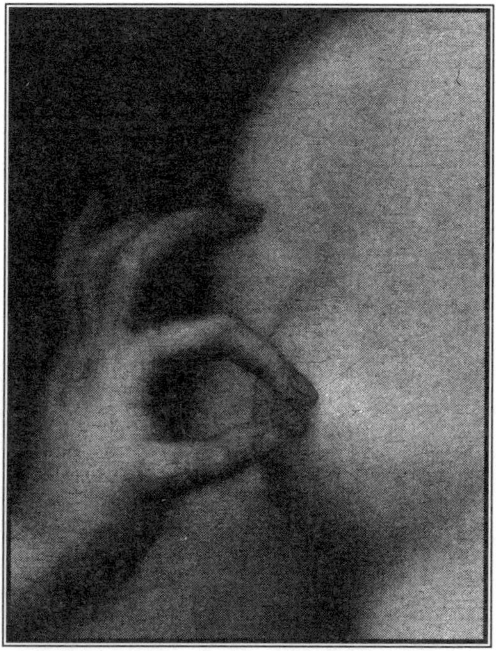

Anonyme, *Gabrielle d'Estrée et sa sœur*, XVIe s.

JE VEUX MOURIR...

Je veux mourir pour tes beautés, Maîtresse,
Pour ce bel œil, qui me prit à son hain [1],
Pour ce doux ris, pour ce baiser tout plein
D'ambre et de musc, baiser d'une Déesse.
Je veux mourir pour cette blonde tresse,
Pour l'embonpoint de ce trop chaste sein,
Pour la rigueur de cette douce main,
Qui tout d'un coup me guérit et me blesse.
Je veux mourir pour le brun de ce teint,
Pour cette voix, dont le beau chant m'étreint
Si fort le cœur, que seul il en dispose.
Je veux mourir en amoureux combats,
Soulant l'amour, qu'au sang je porte enclose,
Toute une nuit au milieu de tes bras.

(Les Amours)

1. Hameçon.

QUAND AU MATIN...

Quand au matin ma Déesse s'habille,
D'un riche or crêpe ombrageant ses talons,
Et les filets de ses beaux cheveux blonds
En cent façons énonde et entortille,
Je l'accompare à l'écumière fille
Qui or [1] peignant les siens brunement longs,
Or les frisant en mille crêpillons,
Passait la mer portée en sa coquille.
De femme humaine encore ne sont pas
Son ris, son front, ses gestes, ne [2] ses pas,
Ne de ses yeux l'une et l'autre étincelle.
Rocs, eaux, ne bois, ne logent point en eux,
Nymphe qui ait si folâtres cheveux,
Ni l'œil si beau, ni la bouche si belle.

(Les Amours)

1. Tantôt.
2. Ni.

CES LIENS D'OR...

Ces liens d'or, cette bouche vermeille,
Pleine de lis, de roses et d'œillets,
Et ces sourcils deux croissants nouvelets,
Et cette joue à l'Aurore pareille ;
Ces mains, ce col, ce front, et cette oreille,
Et de ce sein les boutons verdelets,
Et de ces yeux les astres jumelets,
Qui font trembler les âmes de merveille,
Firent nicher Amour dedans mon sein,
Qui gros de germe avait le ventre plein
D'œufs non formés qu'en notre sang il couve.
Comment vivrais-je autrement qu'en langueur,
Quand une engeance immortelle je trouve.
D'Amours éclos et couvés en mon cœur ?

(Les Amours)

VOLUPTÉ, VOLUPTÉ...

Volupté, Volupté, qui fut jadis maîtresse
Du plus bel esprit de la Grèce,
Ne me dédaigne pas, viens-t'en loger chez moi ;
Tu n'y seras pas sans emploi.
J'aime le jeu, l'amour, les livres, la musique,
La ville et la campagne, enfin tout ; il n'est rien
Qui ne me soit souverain bien,
Jusqu'au sombre plaisir d'un cœur mélancolique.

(Les Amours de Psyché)

LES DEUX PIGEONS

Deux pigeons s'aimaient d'amour tendre.
L'un d'eux, s'ennuyant au logis,
Fut assez fou pour entreprendre
Un voyage au lointain pays.
L'autre lui dit : « Qu'allez-vous faire ?
Voulez-vous quitter votre frère ?
L'absence est le plus grand des maux :
Non pas pour vous, cruel. Au moins, que les travaux,
Les dangers, les soins du voyage,
Changent un peu votre courage.
Encor si la saison s'avançait davantage !
Attendez les zéphyrs. Qui vous presse ? Un corbeau
Tout à l'heure annonçait malheur à quelque oiseau.
Je ne songerai plus que rencontre funeste,
Que faucons, que réseaux. Hélas ! dirai-je, il pleut,
Mon frère a-t-il tout ce qu'il veut,
Bon souper, bon gîte, et le reste ? »
Ce discours ébranla le cœur
De notre imprudent voyageur,
Mais le désir de voir et l'humeur inquiète
L'emportèrent enfin. Il dit : « Ne pleurez point :
Trois jours au plus rendront mon âme satisfaite ;
Je reviendrai dans peu conter de point en point

Mes aventures à mon frère.
Je le désennuirai : quiconque ne voit guère
N'a guère à dire aussi. Mon voyage dépeint
Vous sera d'un plaisir extrême.
Je dirai : J'étais là ; telle chose m'advint.
Vous y croirez être vous-même. »
A ces mots, en pleurant, ils se dirent adieu.
Le voyageur s'éloigne ; et voilà qu'un nuage
L'oblige de chercher retraite en quelque lieu :
Un seul arbre s'offrit, tel encor que l'orage
Maltraita le pigeon en dépit du feuillage.
L'air devenu serein, il part tout morfondu,
Sèche du mieux qu'il peut son corps chargé de pluie,
Dans un champ à l'écart voit du blé répandu,
Voit un pigeon auprès : celui lui donne envie.
Il y vole, il est pris : ce blé couvrait d'un lacs
Les menteurs et traîtres appas.
Le lacs était usé ; si bien que de son aile,
De ses pieds, de son bec, l'oiseau le rompt enfin.
Quelque plume y périt, et le pis du destin
Fut qu'un certain vautour à la serre cruelle
Vit notre malheureux qui, traînant la ficelle
Et les morceaux du lacs qui l'avait attrapé,

Semblait un forçat échappé.
Le vautour s'en allait le lier, quand des nues
Fond à son tour un aigle aux ailes étendues.
Le pigeon profita du conflit des voleurs,
S'envola, s'abattit auprès d'une masure,
Crut pour ce coup que ses malheurs
Finiraient par cette aventure ;
Mais un fripon d'enfant (cet âge est sans pitié)
Prit sa fronde, et du coup tua plus d'à moitié
La volatile malheureuse
Qui, maudissant sa curiosité,
Traînant l'aile et tirant le pied,
Demi-morte et demi-boiteuse,
Droit au logis s'en retourna :
Que bien que mal elle arriva
Sans autre aventure fâcheuse.
Voilà nos gens rejoints ; et je laisse à juger
De combien de plaisirs ils payèrent leurs peines.

Amants, heureux amants, voulez-vous voyager ?
Que ce soit aux rives prochaines.
Soyez-vous l'un à l'autre un monde toujours beau,
Toujours divers, toujours nouveau ;
Tenez-vous lieu de tout, comptez pour rien le reste.
J'ai quelquefois aimé : je n'aurais pas alors

Contre le Louvre et ses trésors,
Contre le firmament et sa voûte céleste,
Changé les bois, changé les lieux
Honorés par les pas, éclairés par les yeux
De l'aimable et jeune bergère
Pour qui, sous le fils de Cythère,
Je servis, engagé par mes premiers serments.
Hélas ! quand reviendront de semblables moments ?
Faut-il que tant d'objets si doux et si charmants
Me laissent vivre au gré de mon âme inquiète ?
Ah ! si mon cœur osait encor se renflammer !
Ne sentirai-je plus de charme qui m'arrête ?
Ai-je passé le temps d'aimer ?

(Fables)

EXCITÉ D'UN DÉSIR CURIEUX...

... Excité d'un désir curieux,
Cette nuit je l'ai vue arriver en ces lieux,
Triste, levant au ciel ses yeux mouillés de larmes
Qui brillaient au travers des flambeaux et des armes,
Belle, sans ornement, dans le simple appareil
D'une beauté qu'on vient d'arracher au sommeil.
Que veux-tu ? je ne sais si cette négligence,
Les armes, les flambeaux, les cris et le silence,
Et le farouche aspect de ses fiers ravisseurs
Relevaient de ses yeux les timides douceurs ;
Quoi qu'il en soit, charmé d'une si belle vue,
J'ai voulu lui parler, et ma voix s'est perdue.
Immobile, saisi d'un long étonnement,
Je l'ai laissé passer dans son appartement.
J'ai passé dans le mien. C'est là que solitaire
De son image en vain j'ai voulu me distraire ;
Trop présente à mes yeux, je croyais lui parler,
J'aimais jusqu'à ses pleurs que je faisais couler.
Quelquefois, mais trop tard, je lui demandais grâce,
J'employais les soupirs, et même la menace.
Voilà comme, occupé de mon nouvel amour,
Mes yeux sans se fermer ont attendu le jour.

(Britannicus)

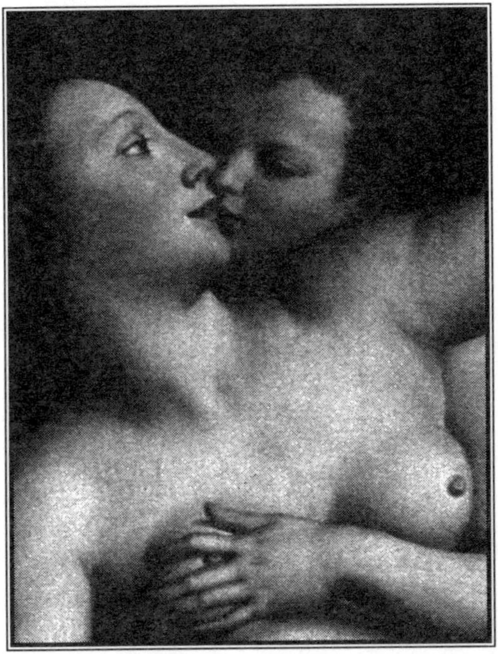

Bronzino, *Vénus et Cupidon*, XVIe s.

MOI-MÊME J'AI VOULU...

Moi-même j'ai voulu vous entendre en ce lieu.
Je n'écoute plus rien, et pour jamais adieu.
Pour jamais ! Ah ! Seigneur, songez-vous en vous-même
Combien ce mot cruel est affreux quand on aime ?
Dans un mois, dans un an, comment souffrirons-nous,
Seigneur, que tant de mers me séparent de vous,
Que le jour recommence et que le jour finisse
Sans que jamais Titus puisse voir Bérénice,
Sans que de tout le jour je puisse voir Titus ?
Mais quelle est mon erreur, et que de soins perdus !
L'ingrat, de mon départ consolé par avance,
Daignera-t-il compter les jours de mon absence ?
Ces jours, si longs pour moi, lui sembleront trop courts.

(Bérénice)

DES LÈVRES D'UNE BELLE...

Des lèvres d'une belle un seul mot échappé
Blesse d'une trace profonde
Le cœur d'un malheureux qui ne voit qu'elle au monde.
Son cœur pleure en secret frappé,
Quand sa bouche feint de sourire.
Il fuit ; et jusqu'au jour de son trouble occupé,
Absente, il ose au moins lui dire :

« Fanny, belle adorée aux yeux doux et sereins,
Heureux qui n'ayant d'autre envie
Que de vous voir, vous plaire et vous donner sa vie,
Oublié de tous les humains,
Près d'aller rejoindre ses pères,
Vous dira, vous pressant de ses mourantes mains :
Crois-tu qu'il soit des cœurs sincères ? »

(Odes)

JE PENSE : ELLE ÉTAIT LÀ...

Je pense : Elle était là. Tous disaient : « Qu'elle est belle ! »
Tels furent ses regards, sa démarche fut telle,
Et tels ses vêtements, sa voix et ses discours.
Sur ce gazon assise, et dominant la plaine,
        Des méandres de Seine,
Rêveuse, elle suivait les obliques détours.

Ainsi dans les forêts j'erre avec ton image :
Ainsi le jeune faon, dans son désert sauvage,
D'un plomb volant percé, précipite ses pas.
Il emporte en fuyant sa mortelle blessure ;
        Couché près d'une eau pure,
Palpitant, hors d'haleine, il attend le trépas.

(Odes)

LES ROSES DE SAADI

J'ai voulu, ce matin, te rapporter des roses ;
Mais j'en avais tant pris dans mes ceintures closes
Que les nœuds trop serrés n'ont pu les contenir.

Les nœuds ont éclaté. Les roses envolées
Dans le vent, à la mer s'en sont toutes allées.
Elles ont suivi l'eau pour ne plus revenir ;

La vague en a paru rouge et comme enflammée :
Ce soir, ma robe encore en est tout embaumée...
Respires-en sur moi l'odorant souvenir.

(Poésies de 1830)

ÉLÉGIE

J'étais à toi peut-être avant de t'avoir vu.
Ma vie, en se formant, fut promise à la tienne ;
Ton nom m'en avertit par un trouble imprévu ;
Ton âme s'y cachait pour éveiller la mienne.
Je l'entendis un jour et je perdis la voix ;
Je l'écoutai longtemps, j'oubliai de répondre ;
Mon être avec le tien venait de se confondre :

Je crus qu'on m'appelait pour la première fois.
Savais-tu ce prodige ? Eh bien ! sans te connaître,
J'ai deviné par lui mon amant et mon maître,
Et je le reconnus dans tes premiers accents,
Quand tu vins éclairer mes beaux jours languissants.
Ta voix me fit pâlir, et mes yeux se baissèrent.
Dans un regard muet nos âmes s'embrassèrent ;
Au fond de ce regard ton nom se révéla,
Et sans le demander j'avais dit : « Le voilà ! »
Dès lors il ressaisit mon oreille étonnée ;
Elle y devint soumise, elle y fut enchaînée.

J'exprimais par lui seul mes plus doux sentiments ;
Je l'unissais au mien pour signer mes serments.
Je le lisais partout, ce nom rempli de charmes,
Et je versais des larmes.
D'un éloge enchanteur toujours environné,
A mes yeux éblouis il s'offrait couronné.
Je l'écrivais... bientôt je n'osai plus l'écrire,
Et mon timide amour le changeait en sourire.
Il me cherchait la nuit, il berçait mon sommeil,
Il résonnait encore autour de mon réveil :
Il errait dans mon souffle, et, lorsque je soupire,
C'est lui qui me caresse et que mon cœur respire.
Nom chéri ! nom charmant ! oracle de mon sort !
Hélas ! que tu me plais, que ta grâce me touche !
Tu m'annonças la vie, et, mêlé dans la mort,
Comme un dernier baiser tu fermeras ma bouche.

(Poésies de 1830)

CHANT D'AMOUR

Un jour le temps jaloux, d'une haleine glacée,
Fanera tes couleurs comme une fleur passée
    Sur ces lits de gazon ;
Et sa main flétrira sur tes charmantes lèvres
Ces rapides baisers, hélas, dont tu me sèvres
    Dans leur fraîche saison.

Mais quand tes yeux, voilés d'un nuage de larmes,
De ces jours écoulés qui t'ont ravi tes charmes
    Pleureront la rigueur ;
Quand dans ton souvenir, dans l'onde du rivage,
Tu chercheras en vain ta ravissante image,
    Regarde dans mon cœur.

Là, ta beauté fleurit pour des siècles sans nombre ;
Là, ton doux souvenir veille à jamais à l'ombre
    De ma fidélité.
Comme une lampe d'or dont une vierge sainte
Protège avec la main, en traversant l'enceinte,
    La tremblante clarté.

Et quand la mort viendra, d'un autre amour suivie,
Éteindre en souriant de notre double vie
    L'un et l'autre flambeau,
Qu'elle étende ma couche à côté de la tienne,
Et que ta main fidèle embrasse encor la mienne
    Dans le lit du tombeau !

Ou plutôt puissions-nous passer sur cette terre,
Comme on voit en automne un couple solitaire
    De cygnes amoureux
Partir, en s'embrassant, du nid qui les rassemble,
Et vers les doux climats qu'ils vont chercher ensemble
    S'envoler deux à deux !

(Nouvelles Méditations poétiques)

MAIS TOI...

Mais toi, ne veux-tu pas, voyageuse indolente,
Rêver sur mon épaule, en y posant ton front ?
Viens du paisible seuil de la maison roulante
Voir ceux qui sont passés et ceux qui passeront.
Tous les tableaux humains qu'un Esprit pur m'apporte
S'animeront pour toi quand devant notre porte
Les grands pays muets longuement s'étendront.

Nous marcherons ainsi, ne laissant que notre ombre
Sur cette terre ingrate où les morts ont passé ;
Nous nous parlerons d'eux à l'heure où tout est sombre,

Où tu te plais à suivre un chemin effacé,
A rêver, appuyée aux branches incertaines,
Pleurant, comme Diane au bord de ses fontaines,
Ton amour taciturne et toujours menacé.

(Les Destinées)

Jean-Honoré Fragonard, *Le Baiser volé*, 1788

PUISQUE J'AI MIS MA LÈVRE...

Puisque j'ai mis ma lèvre à ta coupe encore pleine ;
Puisque j'ai dans tes mains posé mon front pâli ;
Puisque j'ai respiré parfois la douce haleine
De ton âme, parfum dans l'ombre enseveli ;

Puisqu'il me fut donné de t'entendre me dire
Les mots où se répand le cœur mystérieux ;
Puisque j'ai vu pleurer, puisque j'ai vu sourire
Ta bouche sur ma bouche et tes yeux sur mes yeux,

Puisque j'ai vu briller sur ma tête ravie
Un rayon de ton astre, hélas ! voilé toujours ;
Puisque j'ai vu tomber dans l'onde de ma vie
Une feuille de rose arrachée à tes jours,

Je puis maintenant dire aux rapides années :
– Passez ! passez toujours ! je n'ai plus à vieillir !
Allez-vous-en avec vos fleurs toutes fanées ;
J'ai dans l'âme une fleur que nul ne peut cueillir !

Votre aile en le heurtant ne fera rien répandre
Du vase où je m'abreuve et que j'ai bien rempli.
Mon âme a plus de feu que vous avez de cendre !
Mon cœur a plus d'amour que vous n'avez d'oubli !

(Les Chants du crépuscule)

MON BRAS PRESSAIT TA TAILLE...

Mon bras pressait ta taille frêle
Et souple comme le roseau ;
Ton sein palpitait comme l'aile
D'un jeune oiseau.

Longtemps muets, nous contemplâmes
Le ciel où s'éteignait le jour.
Que se passait-il dans nos âmes ?
Amour ! Amour !

Comme un ange qui se dévoile,
Tu me regardais, dans ma nuit,
Avec ton beau regard d'étoile,
Qui m'éblouit.

(Les Contemplations)

IL FAIT FROID

L'hiver blanchit le dur chemin.
Tes jours aux méchants sont en proie.
La bise mord ta douce main ;
La haine souffle sur ta joie.

La neige emplit le noir sillon.
La lumière est diminuée –
Ferme ta porte à l'aquilon !
Ferme ta vitre à la nuée !

Et puis laisse ton cœur ouvert !
Le cœur, c'est la sainte fenêtre.
Le soleil de brume est couvert ;
Mais Dieu va rayonner peut-être !

Doute du bonheur, fruit mortel ;
Doute de l'homme plein d'envie ;
Doute du prêtre et de l'autel ;
Mais crois à l'amour, ô ma vie !

Crois à l'amour, toujours entier,
Toujours brillant sous tous les voiles !
A l'amour, tison du foyer !
A l'amour, rayon des étoiles !

Aime, et ne désespère pas.
Dans ton âme, où parfois je passe,
Où mes vers chuchotent tout bas,
Laisse chaque chose à sa place.

(Les Contemplations)

FANTAISIE

Il est un air pour qui je donnerais
Tout Rossini, tout Mozart, tout Weber,
Un air très vieux, languissant et funèbre,
Qui pour moi seul a des charmes secrets !

Or, chaque fois que je viens à l'entendre,
De deux cents ans mon âme rajeunit...
C'est sous Louis treize ; et je crois voir s'étendre
Un coteau vert, que le couchant jaunit,

Puis un château de brique à coins de pierre,
Aux vitraux teints de rougeâtres couleurs,
Ceint de grands parcs, avec une rivière
Baignant ses pieds, qui coule entre des fleurs ;

Puis une dame, à sa haute fenêtre,
Blonde aux yeux noirs, en ses habits anciens,
Que, dans une autre existence peut-être,
J'ai déjà vue... et dont je me souviens !

(Odelettes)

MYRTHO

Je pense à toi, Myrtho, divine enchanteresse,
Au Pausilippe altier, de mille feux brillant,
A ton front inondé des clartés d'Orient,
Aux raisins noirs mêlés avec l'or de ta tresse.

C'est dans ta coupe aussi que j'avais bu l'ivresse,
Et dans l'éclair furtif de ton œil souriant,
Quand aux pieds d'Iacchus on me voyait priant,
Car la Muse m'a fait l'un des fils de la Grèce.

Je sais pourquoi là-bas le volcan s'est rouvert...
C'est qu'hier tu l'avais touché d'un pied agile,
Et de cendres soudain l'horizon s'est couvert.

Depuis qu'un duc normand brisa tes dieux d'argile,
Toujours, sous les rameaux du laurier de Virgile,
Le pâle Hortensia s'unit au Myrte vert !

(Les Chimères)

A LAURE

Si tu ne m'aimais pas, dis-moi, fille insensée,
Que balbutiais-tu dans ces fatales nuits ?
Exerçais-tu ta langue à railler ta pensée ?
Que voulaient donc ces pleurs, cette gorge oppressée,
Ces sanglots et ces cris ?

Ah ! si le plaisir seul t'arrachait ces tendresses,
Si ce n'était que lui qu'en ce triste moment
Sur mes lèvres en feu tu couvrais de caresses,
Comme un unique amant ;

Si l'esprit et les sens, les baisers et les larmes
Se tiennent par la main de la bouche à ton cœur ;
Et s'il te faut ainsi, pour y trouver des charmes
Sur l'autel du plaisir profaner le bonheur :

Ah ! Laurette, ah ! Laurette, idole de ma vie,
Si le sombre démon de tes nuits d'insomnie
Sans ce masque de feu ne saurait faire un pas,
Pourquoi l'évoquais-tu, si tu ne m'aimais pas ?

(Poésies nouvelles)

A NINON

Si je vous le disais pourtant, que je vous aime,
Qui sait, brune aux yeux bleus, ce que vous en diriez ?
L'amour, vous le savez, cause une peine extrême ;
C'est un mal sans pitié que vous plaignez vous-même ;
Peut-être cependant que vous m'en puniriez.

Si je vous le disais, que six mois de silence
Cachent de longs tourments et des vœux insensés :
Ninon, vous êtes fine, et votre insouciance
Se plaît, comme une fée, à deviner d'avance ;
Vous me répondriez peut-être : Je le sais.

Si je vous le disais, qu'une douce folie
A fait de moi votre ombre, et m'attache à vos pas :
Un petit air de doute et de mélancolie,
Vous le savez, Ninon, vous rend bien plus jolie ;
Peut-être diriez-vous que vous n'y croyez pas.

La nuit, quand de si loin le monde nous sépare,
Quand je rentre chez moi pour tirer mes verrous,
De mille souvenirs en jaloux je m'empare ;
Et là, seul devant Dieu, plein d'une joie avare,
J'ouvre, comme un trésor, mon cœur tout plein de vous.

(Poésies nouvelles)

Ford Madox Brown, *Roméo et Juliette*, 1867

CHANSON

J'ai dit à mon cœur, à mon faible cœur :
N'est-ce point assez d'aimer sa maîtresse ?
Et ne vois-tu pas que changer sans cesse,
C'est perdre en désirs le temps du bonheur ?

Il m'a répondu : Ce n'est point assez,
Ce n'est point assez d'aimer sa maîtresse ;
Et ne vois-tu pas que changer sans cesse
Nous rend doux et chers les plaisirs passés ?

J'ai dit à mon cœur, à mon faible cœur :
N'est-ce point assez de tant de tristesse ?
Et ne vois-tu pas que changer sans cesse,
C'est à chaque pas trouver la douleur ?

Il m'a répondu : Ce n'est point assez,
Ce n'est point assez de tant de tristesse ;
Et ne vois-tu pas que changer sans cesse
Nous rend doux et chers les chagrins passés ?

(Premières poésies)

A UNE ROBE ROSE

Que tu me plais dans cette robe
Qui te déshabille si bien,
Faisant jaillir ta gorge en globe,
Montrant tout nu ton bras païen !

Frêle comme une aile d'abeille,
Frais comme un cœur de rose-thé,
Son tissu, caresse vermeille,
Voltige autour de ta beauté.

De l'épiderme sur la soie
Glissent des frissons argentés,
Et l'étoffe à la chair renvoie
Ses éclairs roses reflétés.

D'où te vient cette robe étrange
Qui semble faite de ta chair,
Trame vivante qui mélange
Avec ta peau son rose clair ?

Est-ce à la rougeur de l'aurore,
A la coquille de Vénus,
Au bouton de sein près d'éclore,
Que sont pris ces tons inconnus ?

Ou bien l'étoffe est-elle teinte
Dans les roses de ta pudeur ?
Non ; vingt fois modelée et peinte,
Ta forme connaît sa splendeur.

Jetant le voile qui te pèse,
Réalité que l'art rêva,
Comme la princesse Borghèse
Tu poserais pour Canova.

Et ces plis roses sont les lèvres
De mes désirs inapaisés,
Mettant au corps dont tu les sèvres
Une tunique de baisers.

(Émaux et Camées)

BAISER ROSE, BAISER BLEU

A table, l'autre jour, un réseau de guipure,
Comme un filet d'argent sur un marbre jeté,
De votre sein, voilant à demi la beauté,
Montrait, sous sa blancheur, une blancheur plus pure.

Vous trôniez parmi nous, radieuse figure,
Et le baiser du soir, d'un faible azur teinté,
Comme au contour d'un fruit la fleur du velouté,
Glissait sur votre épaule en mince découpure.

Mais la lampe allumée et se mêlant au jeu,
Posait un baiser rose auprès du baiser bleu :
Tel brille au clair de lune un feu dans de l'albâtre.

A ce charmant tableau, je me disais, rêveur,
Jaloux du reflet rose et du reflet bleuâtre :
« Ô trop heureux reflets, s'ils savaient leur bonheur ! »

(Dernières poésies)

LES ROSES D'ISPAHAN

Les roses d'Ispahan dans leur gaine de mousse,
Les jasmins de Mossoul, les fleurs de l'oranger
Ont un parfum moins frais, ont une odeur moins douce,
Ô blanche Leïlah ! que ton souffle léger.

Ta lèvre est de corail, et ton rire léger
Sonne mieux que l'eau vive et d'une voix plus douce,
Mieux que le vent joyeux qui berce l'oranger,
Mieux que l'oiseau qui chante au bord d'un nid de mousse...

Ô Leïlah ! depuis que de leur vol léger
Tous les baisers ont fui de ta lèvre si douce,
Il n'est plus de parfum dans le pâle oranger,
Plus de céleste arôme aux roses dans leur mousse...

Oh ! que ton jeune amour, ce papillon léger,
Revienne vers mon cœur d'une aile prompte et douce,
Et qu'il parfume encor les fleurs de l'oranger,
Les roses d'Ispahan dans leur gaine de mousse !

(Poèmes tragiques)

LE BALCON

Mère des souvenirs, maîtresse des maîtresses,
Ô toi, tous mes plaisirs, ô toi, tous mes devoirs,
Tu te rappelleras la beauté des caresses,
La douceur du foyer, et le charme des soirs,
Mère des souvenirs, maîtresse des maîtresses !

Les soirs illuminés par l'ardeur du charbon,
Et les soirs au balcon, voilés de vapeurs roses,
Que ton sein m'était doux ! que ton cœur m'était bon !
Nous avons dit souvent d'impérissables choses,
Les soirs illuminés par l'ardeur du charbon.

Que les soleils sont beaux dans les chaudes soirées !
Que l'espace est profond ! que le cœur est puissant !
En me penchant vers toi, reine des adorées
Je croyais respirer le parfum de ton sang.
Que les soleils sont beaux dans les chaudes soirées !

La nuit s'épaississait ainsi qu'une cloison,
Et mes yeux dans le soir devinaient tes prunelles,
Et je buvais ton souffle, ô douceur, ô poison,
Et tes pieds s'endormaient dans mes mains fraternelles.
La nuit s'épaississait ainsi qu'une cloison.

Je sais l'art d'évoquer les minutes heureuses,
Et revis mon passé blotti dans tes genoux.
Car à quoi bon chercher tes beautés langoureuses
Ailleurs qu'en ton cher corps et qu'en ton cœur si doux ?
Je sais l'art d'évoquer les minutes heureuses !

Ces serments, ces parfums, ces baisers infinis,
Renaîtront-ils d'un gouffre interdit à nos sondes
Comme montent au ciel les soleils rajeunis
Après s'être lavés au fond des mers profondes ?
– Ô serments, ô parfums, ô baisers infinis.

(Les Fleurs du mal)

TOUT ENTIÈRE

Le Démon, dans ma chambre haute,
Ce matin est venu me voir,
Et, tâchant à me prendre en faute,
Me dit : « Je voudrais bien savoir,

Parmi toutes les belles choses
Dont est fait son enchantement,
Parmi les objets noirs ou roses
Qui composent son corps charmant,

Quel est le plus doux. » – Ô mon âme !
Tu répondis à l'Abhorré :
« Puisqu'en Elle tout est dictame,
Rien ne peut être préféré.

Lorsque tout me ravit, j'ignore
Si quelque chose me séduit.
Elle éblouit comme l'Aurore
Et console comme la Nuit ;

Et l'harmonie est trop exquise,
Qui gouverne tout son beau corps,
Pour que l'impuissante analyse
En note les nombreux accords.

Ô métamorphose mystique
De tous mes sens fondus en un !
Son haleine fait la musique,
Comme sa voix fait le parfum ! »

(Les Fleurs du mal)

Tranquillo Cremona, *Attrazione*, 1874

L'INVITATION AU VOYAGE

Mon enfant, ma sœur,
Songe à la douceur
D'aller là-bas vivre ensemble !
Aimer à loisir,
Aimer et mourir
Au pays qui te ressemble !
Les soleils mouillés
De ces ciels brouillés
Pour mon esprit ont les charmes
Si mystérieux
De tes traîtres yeux,
Brillant à travers leurs larmes.

Là, tout n'est qu'ordre et beauté,
Luxe, calme et volupté.

Des meubles luisants,
Polis par les ans,
Décoreraient notre chambre ;
Les plus rares fleurs
Mêlant leurs odeurs,
Aux vagues senteurs de l'ambre,

Les riches plafonds,
Les miroirs profonds,
La splendeur orientale,
Tout y parlerait
A l'âme en secret
Sa douce langue natale.

Là, tout n'est qu'ordre et beauté,
Luxe, calme et volupté.

Vois sur ces canaux
Dormir ces vaisseaux
Dont l'humeur est vagabonde ;
C'est pour assouvir
Ton moindre désir
Qu'ils viennent du bout du monde.
– Les soleils couchants
Revêtent les champs,
Les canaux, la ville entière,
D'hyacinthe et d'or ;
Le monde s'endort
Dans une chaude lumière.

Là, tout n'est qu'ordre et beauté,
Luxe, calme et volupté.

(Les Fleurs du mal)

LA CHEVELURE

Ô toison, moutonnant jusque sur l'encolure !
Ô boucles ! Ô parfum chargé de nonchaloir !
Extase ! Pour peupler ce soir l'alcôve obscure
Des souvenirs dormant dans cette chevelure,
Je la veux agiter dans l'air comme un mouchoir !

La langoureuse Asie et la brûlante Afrique,
Tout un monde lointain, absent, presque défunt,
Vit dans tes profondeurs, forêt aromatique !
Comme d'autres esprits voguent sur la musique,
Le mien, ô mon amour ! nage sur ton parfum.

J'irai là-bas où l'arbre et l'homme, pleins de sève,
Se pâment longuement sous l'ardeur des climats ;
Fortes tresses, soyez la houle qui m'enlève !
Tu contiens, mer d'ébène, un éblouissant rêve
De voiles, de rameurs, de flammes et de mâts :

Un port retentissant où mon âme peut boire
A grands flots le parfum, le son et la couleur ;
Où les vaisseaux, glissant dans l'or et dans la moire,
Ouvrent leurs vastes bras pour embrasser la gloire
D'un ciel pur où frémit l'éternelle chaleur.

Je plongerai ma tête amoureuse d'ivresse
Dans ce noir océan où l'autre est enfermé ;
Et mon esprit subtil que le roulis caresse
Saura vous retrouver, ô féconde paresse,
Infinis bercements du loisir embaumé !

Cheveux bleus, pavillon de ténèbres tendues,
Vous me rendez l'azur du ciel immense et rond ;
Sur les bords duvetés de vos mèches tordues
Je m'enivre ardemment des senteurs confondues
De l'huile de coco, du musc et du goudron.

Longtemps ! toujours ! ma main dans ta crinière lourde
Sèmera le rubis, la perle et le saphir,
Afin qu'à mon désir tu ne sois jamais sourde !
N'es-tu pas l'oasis où je rêve, et la gourde
Où je hume à longs traits le vin du souvenir ?

(Les Fleurs du mal)

LE SERPENT QUI DANSE

Que j'aime voir, chère indolente,
De ton corps si beau,
Comme une étoffe vacillante,
Miroiter la peau !

Sur ta chevelure profonde
Aux âcres parfums,
Mer odorante et vagabonde
Aux flots bleus et bruns,

Comme un navire qui s'éveille
Au vent du matin,
Mon âme rêveuse appareille
Pour un ciel lointain.

Tes yeux, où rien ne se révèle
De doux ni d'amer,
Sont deux bijoux froids où se mêle
L'or avec le fer.

A te voir marcher en cadence,
Belle d'abandon,
On dirait un serpent qui danse
Au bout d'un bâton.

Sous le fardeau de ta paresse
Ta tête d'enfant
Se balance avec la mollesse
D'un jeune éléphant,

Et ton corps se penche et s'allonge
Comme un fin vaisseau
Qui roule bord sur bord et plonge
Ses vergues dans l'eau.

Comme un flot grossi par la fonte
Des glaciers grondants,
Quand l'eau de ta bouche remonte
Au bord de tes dents,

Je crois boire un vin de Bohême,
Amer et vainqueur,
Un ciel liquide qui parsème
D'étoiles mon cœur !

(Les Fleurs du mal)

POSSESSION

Puisque ma bouche a rencontré
Sa bouche, il faut me taire. Trêve
Aux mots creux. Je ne montrerai
Rien qui puisse trahir mon rêve.

Il faut que je ne dise rien
De l'odeur de sa chevelure,
De son sourire aérien,
Des bravoures de son allure,

Rien des yeux aux regards troublants,
Persuasifs, cabalistiques,
Rien des épaules, des bras blancs
Aux effluves aromatiques.

Je ne sais plus faire d'ailleurs
Une si savante analyse,
Possédé de rêves meilleurs
Où ma raison se paralyse.

Et je me sens comme emporté,
Épave en proie au jeu des vagues,
Par le vertige où m'ont jeté
Ses lèvres tièdes, ses yeux vagues.

On se demandera d'où vient
L'influx tout-puissant qui m'oppresse,
Mais personne n'en saura rien
Que moi seul… et l'Enchanteresse.

(Le Coffret de santal)

Paul Gauguin, extrait de *Noa Noa*

SI TU VEUX...

Si tu veux nous nous aimerons
Avec tes lèvres sans le dire
Cette rose ne l'interromps
Qu'à verser un silence pire

Jamais de chants ne lancent prompts
Le scintillement du sourire
Si tu veux nous nous aimerons
Avec tes lèvres sans le dire

Muet muet entre les ronds
Sylphe dans la pourpre d'empire
Un baiser flambant se déchire
Jusqu'aux pointes des ailerons
Si tu veux nous nous aimerons.

(Poésies)

GREEN

Voici des fruits, des fleurs, des feuilles et des branches
Et puis voici mon cœur, qui ne bat que pour vous.
Ne le déchirez pas avec vos deux mains blanches,
Et qu'à vos yeux si beaux l'humble présent soit doux.

J'arrive tout couvert encore de rosée
Que le vent du matin vient glacer à mon front.
Souffrez que ma fatigue, à vos pieds reposée,
Rêve des chers instants qui la délasseront.
Sur votre jeune sein laissez rouler ma tête
Toute sonore encor de vos derniers baisers,
Laissez-la s'apaiser de la bonne tempête,
Et que je dorme un peu puisque vous reposez.

(Romances sans paroles)

AUBURN

Tes yeux, tes cheveux indécis,
L'arc mal précis de tes sourcils,
La fleur pâlotte de ta bouche,
Ton corps vague et pourtant dodu,
Te donnent un air peu farouche
A qui tout mon hommagc est dû,

Mon hommage, ah, parbleu ! tu l'as.
Tous les soirs, quels joie et soulas,
Ô ma très sortable châtaine,
Quand vers mon lit tu viens, les seins
Roides, et quelque peu hautaine,
Sûre de mes humbles desseins,

Les seins roides sous la chemise,
Fière de la fête promise
A tes sens partout et longtemps,
Heureuse de savoir ma lèvre,
Ma main, mon tout, impénitents
De ces péchés qu'un fol s'en sèvre !

Sûre de baisers savoureux
Dans le coin des yeux, dans le creux
Des bras et sur le bout des mammes,
Sûre de l'agenouillement
Vers ce buisson ardent des femmes
Follement, fanatiquement !

Et hautaine puisque tu sais
Que ma chair adore à l'excès
Ta chair et que tel est ce culte
Qu'après chaque mort – quelle mort ! –
Elle renaît, dans quel tumulte !
Pour mourir encore et plus fort.

Oui, ma vague, sois orgueilleuse,
Car radieuse ou sourcilleuse,
Je suis ton vaincu, tu m'as tien
Tu me roules comme la vague
Dans un délice bien païen,
Et tu n'es pas déjà si vague !

(Parallèlement)

EN SOURDINE

Calmes dans le demi-jour
Que les branches hautes font,
Pénétrons bien notre amour
De ce silence profond.

Fondons nos âmes, nos cœurs
Et nos sens extasiés,
Parmi les vagues langueurs
Des pins et des arbousiers.

Ferme tes yeux à demi,
Croise tes bras sur ton sein,
Et de ton cœur endormi
Chasse à jamais tout dessein.

Laissons-nous persuader
Au souffle berceur et doux
Qui vient à tes pieds rider
Les ondes de gazon roux.

Et quand, solennel, le soir
Des chênes noirs tombera,
Voix de notre désespoir,
Le rossignol chantera.

(Fêtes galantes)

MON RÊVE FAMILIER

Je fais souvent ce rêve étrange et pénétrant
D'une femme inconnue, et que j'aime, et qui m'aime
Et qui n'est, chaque fois, ni tout à fait la même
Ni tout à fait une autre, et m'aime et me comprend.

Car elle me comprend, et mon cœur, transparent
Pour elle seule, hélas ! cesse d'être un problème
Pour elle seule, et les moiteurs de mon front blême,
Elle seule les sait rafraîchir, en pleurant.

Est-elle brune, blonde ou rousse ? – Je l'ignore.
Son nom ? Je me souviens qu'il est doux et sonore
Comme ceux des aimés que la Vie exila.

Son regard est pareil au regard des statues,
Et, pour sa voix, lointaine, et calme, et grave, elle a
L'inflexion des voix chères qui se sont tues.

(Poèmes saturniens)

LE BAISER

« Tout fait l'amour. » Et moi, j'ajoute,
Lorsque tu dis : « Tout fait l'amour » :
Même le pas avec la route,
La baguette avec le tambour.

Même le doigt avec la bague,
Même la rime et la raison,
Même le vent avec la vague,
Le regard avec l'horizon.

Même le rire avec la bouche,
Même l'osier et le couteau,
Même le corps avec la couche,
Et l'enclume sous le marteau.

Même le fil avec la toile,
Même la terre avec le ver,
Le bâtiment avec l'étoile,
Et le soleil avec la mer.

Comme la fleur et comme l'arbre,
Même la cédille et le c,
Même l'épitaphe et le marbre,
La mémoire avec le passé.

(Valentines)

Gustave Klimt, *Danaé*, 1907-1908

SENSATION

Par les soirs bleus d'été, j'irai dans les sentiers,
Picoté par les blés, fouler l'herbe menue :
Rêveur, j'en sentirai la fraîcheur à mes pieds.
Je laisserai le vent baigner ma tête nue.

Je ne parlerai pas, je ne penserai rien :
Mais l'amour infini me montera dans l'âme,
Et j'irai loin, bien loin, comme un bohémien,
Par la Nature, – heureux comme avec une femme

(Poésies)

RÊVÉ POUR L'HIVER

A... Elle.

L'hiver, nous irons dans un petit wagon rose
Avec des coussins bleus.
Nous serons bien. Un nid de baisers fous repose
Dans chaque coin moelleux.

Tu fermeras l'œil, pour ne point voir, par la glace,
Grimacer les ombres des soirs,
Ces monstruosités hargneuses, populace
De démons noirs et de loups noirs.

Puis tu te sentiras la joue égratignée...
Un petit baiser, comme une folle araignée,
Te courra par le cou...

Et tu me diras : « Cherche ! » en inclinant la tête,
– Et nous prendrons du temps à trouver cette bête
– Qui voyage beaucoup...

(Poésies)

L'ÉTOILE A PLEURÉ ROSE...

L'étoile a pleuré rose au cœur de tes oreilles,
L'infini roulé blanc de ta nuque à tes reins
La mer a perlé rousse à tes mammes vermeilles
Et l'Homme saigné noir à ton flanc souverain.

(Poésies)

LA CHEVELURE

Il m'a dit : « Cette nuit, j'ai rêvé. J'avais ta chevelure autour de mon cou. J'avais tes cheveux comme un collier noir autour de ma nuque et sur ma poitrine.

« Je les caressais, et c'étaient les miens, et nous étions liés pour toujours ainsi, par la même chevelure la bouche sur la bouche, ainsi que deux lauriers n'ont souvent qu'une racine.

« Et peu à peu, il m'a semblé, tant nos membres étaient confondus, que je devenais toi-même ou que tu entrais en moi comme mon songe. »

(Les Chansons de Bilitis)

A LA BIEN-AIMÉE

Vous êtes mon palais, mon soir et mon automne,
Et ma voile de soie et mon jardin de lys,
Ma cassolette d'or et ma blanche colonne,
Mon parc et mon étang de roseaux et d'iris.

Vous êtes mes parfums d'ambre et de miel, ma palme,
Mes feuillages, mes chants de cigales dans l'air,
Ma neige qui se meurt d'être hautaine et calme,
Et mes algues et mes paysages de mer.

Et vous êtes ma cloche au sanglot monotone,
Mon île fraîche et ma secourable oasis...
Vous êtes mon palais, mon soir et mon automne,
Et ma voile de soie et mon jardin de lys.

(A l'heure des mains jointes)

LA COURBE DE TES YEUX...

La courbe de tes yeux fait le tour de mon cœur,
Un rond de danse et de douceur,
Auréole du temps, berceau nocturne et sûr,
Et si je ne sais plus tout ce que j'ai vécu,
C'est que tes yeux ne m'ont pas toujours vu.

Feuilles de jour et mousse de rosée,
Roseaux du vent, sourires parfumés,
Ailes couvrant le monde de lumière,
Bateaux chargés du ciel et de la mer,
Chasseurs des bruits et sources des couleurs,

Parfums éclos d'une couvée d'aurores
Qui gît toujours sur la paille des astres,
Comme le jour dépend de l'innocence
Le monde entier dépend de tes yeux purs
Et tout mon sang coule dans leurs regards.

(Capitale de la douleur)

JE T'AIME

Je t'aime pour toutes les femmes que je n'ai pas connues
Je t'aime pour tous les temps où je n'ai pas vécu
Pour l'odeur du grand large et l'odeur du pain chaud
Pour la neige qui fond pour les premières fleurs
Pour les animaux purs que l'homme n'effraie pas
Je t'aime pour aimer
Je t'aime pour toutes les femmes que je n'aime pas

Qui me reflète sinon toi moi-même je me vois si peu
Sans toi je ne vois rien qu'une étendue déserte
Entre autrefois et aujourd'hui
Il y a eu toutes ces morts que j'ai franchies sur de la paille
Je n'ai pas pu percer le mur de mon miroir
Il m'a fallu apprendre mot par mot la vie
Comme on oublie

Je t'aime pour ta sagesse qui n'est pas la mienne
Pour la santé
Je t'aime contre tout ce qui n'est qu'illusion

Pour ce cœur immortel que je ne détiens pas
Tu crois être le doute et tu n'es que raison
Tu es le grand soleil qui me monte à la tête
Quand je suis sûr de moi.

(Le Phénix)

TU TE LÈVES L'EAU SE DÉPLIE...

Tu te lèves l'eau se déplie
Tu te couches l'eau s'épanouit

Tu es l'eau détournée de ses abîmes
Tu es la terre qui prend racine
Et sur laquelle tout s'établit

Tu fais des bulles de silence dans le désert des bruits
Tu chantes des hymnes nocturnes sur les cordes de
[l'arc-en-ciel
Tu es partout tu abolis toutes les routes

Tu sacrifies le temps
A l'éternelle jeunesse de la flamme exacte
Qui voile la nature en la reproduisant

Femme tu mets au monde un corps toujours pareil
Le tien.

Tu es la ressemblance.

(Facile)

Kees Van Dongen, *Tango*, 1923-1935

L'UNION LIBRE

Ma femme à la chevelure de feu de bois
Aux pensées d'éclairs de chaleur
A la taille de sablier
Ma femme à la taille de loutre entre les dents du tigre
Ma femme à la bouche de cocarde et de bouquet d'étoiles de dernièrc grandeur
Aux dents d'empreintes de souris blanche sur la terre blanche
A la langue d'ambre et de verre frottés
Ma femme à la langue d'hostie poignardée
A la langue de poupée qui ouvre et ferme les yeux
A la langue de pierre incroyable
Ma femme aux cils de bâtons d'écriture d'enfant
Aux sourcils de bord de nid d'hirondelle
Ma femme aux tempes d'ardoise de toit de serre
Et de buée aux vitres
Ma femme aux épaules de champagne
Et de fontaine à têtes de dauphins sous la glace
Ma femme aux poignets d'allumettes
Ma femme aux doigts de hasard et d'as de cœur
Aux doigts de foin coupé
Ma femme aux aisselles de marbre et de fênes

De nuit de la Saint-Jean
De troène et de nid de scalares
Aux bras d'écume de mer et d'écluse
Et de mélange du blé et du moulin
Ma femme aux jambes de fusée
Aux mouvements d'horlogerie et de désespoir
Ma femme aux mollets de moelle de sureau
Ma femme aux pieds d'initiales
Aux pieds de trousseaux de clés aux pieds de calfats qui boivent
Ma femme au cou d'orge imperlé
Ma femme à la gorge de Val d'or
De rendez-vous dans le lit même du torrent
Aux seins de nuit
Ma femme aux seins de taupinière marine
Ma femme aux seins de creuset du rubis
Aux seins de spectre de la rose sous la rosée
Ma femme au ventre de dépliement d'éventail des jours
Au ventre de griffe géante
Ma femme au dos d'oiseau qui fuit vertical
Au dos de vif-argent
Au dos de lumière

A la nuque de pierre roulée et de craie mouillée
Et de chute d'un verre dans lequel on vient de boire
Ma femme aux hanches de nacelle
Aux hanches de lustre et de pennes de flèche
Et de tiges de plumes de paon blanc
De balance insensible
Ma femme aux fesses de grès et d'amiante
Ma femme aux fesses de dos de cygne
Ma femme aux fesses de printemps
Au sexe de glaïeul
Ma femme au sexe de placer et d'ornithorynque
Ma femme au sexe d'algue et de bonbons anciens
Ma femme au sexe de miroir
Ma femme aux yeux pleins de larmes
Aux yeux de panoplie violette et d'aiguille aimantée
Ma femme aux yeux de savane
Ma femme aux yeux d'eau pour boire en prison
Ma femme aux yeux de bois toujours sous la hache
Aux yeux de niveau d'eau de niveau d'air de terre et de feu

(L'Union libre)

TU M'AS TROUVÉ COMME UN CAILLOU...

Tu m'as trouvé comme un caillou que l'on ramasse sur la plage
Comme un bizarre objet perdu dont nul ne peut dire l'usage
Comme l'algue sur un sextant qu'échoue à terre la marée
Comme à la fenêtre un brouillard qui ne demande qu'à entrer
Comme le désordre d'une chambre d'hôtel qu'on n'a pas faite
Un lendemain de carrefour dans les papiers gras de la fête
Un voyageur sans billet assis sur le marchepied du train
Un ruisseau dans leur champ détourné par les mauvais riverains
Une bête des bois que les autos ont prise dans leurs phares
Comme un veilleur de nuit qui s'en revient dans le matin blafard
Comme un rêve mal dissipé dans l'ombre noire des prisons
Comme l'affolement d'un oiseau fourvoyé dans la maison
Comme au doigt de l'amant trahi la marque rouge d'une bague
Une voiture abandonnée au beau milieu d'un terrain vague
Comme une lettre déchirée éparpillée au vent des rues
Comme le hâle sur les mains qu'a laissé l'été disparu
Comme le regard égaré de l'être qui voit qu'il s'égare
Comme les bagages laissés en souffrance dans une gare

Comme une porte quelque part ou peut-être un volet qui bat
Le sillon pareil du cœur et de l'arbre où la foudre tomba
Une pierre au bord de la route en souvenir de quelque chose
Un mal qui n'en finit pas plus que la couleur des ecchymoses
Comme au loin sur la mer la sirène inutile d'un bateau
Comme longtemps après dans la chair la mémoire du couteau
Comme le cheval échappé qui boit l'eau sale d'une mare
Comme un oreiller dévasté par une nuit de cauchemars
Comme une injure au soleil avec de la paille dans les yeux
Comme la colère à revoir que rien n'a changé sous les cieux
Tu m'as trouvé dans la nuit comme une parole irréparable
Comme un vagabond pour dormir qui s'était couché dans l'étable
Comme un chien qui porte un collier aux initiales d'autrui
Un homme des jours d'autrefois empli de fureur et de bruit

(Le Roman inachevé)

ROSEAUX

Si je t'écris, enfant de ma poitrine,
C'est pour te dire amour à perdre haleine.

Pour éclairer la neige ton sourire
Et pour printemps le fruit de tes yeux noirs.

J'entends la nuit des voix qui me caressent
Et je m'éveille en embrassant ton nom.

Pour toi je plane au-dessus de la ville
Et je te vois parmi tous les herbages.

L'encre du jour sur la page nocturne
Trace un poème et tu dors dans mon livre.

Les jours d'été je quitte le poème
Pour mieux entrer dans la grâce des mots.

Désaltéré par l'aube, j'entends vivre
Ton cœur, bijou parmi la nuit des coffres.

Tel un roseau devenu flûte ou flèche,
Je me fais plume et danse dans ton sang,

Et nous mourons de mort surnaturelle.

ALLÉGEANCE

Dans les rues de la ville il y a mon amour. Peu importe où il va dans le temps divisé. Il n'est plus mon amour, chacun peut lui parler. Il ne se souvient plus : qui au juste l'aima ?

Il cherche son pareil dans le vœu des regard. L'espace qu'il parcourt est ma fidélité. Il dessine l'espoir et léger l'éconduit. Il est prépondérant sans qu'il y prenne part.

Je vis au fond de lui comme une épave heureuse. A son insu, ma solitude est son trésor. Dans le grand méridien où s'inscrit son essor, ma liberté le creuse.

Dans les rues de la ville il y a mon amour. Peu importe où il va dans le temps divisé. Il n'est plus mon amour, chacun peut lui parler. Il ne se souvient plus : qui au juste l'aima et l'éclaire de loin pour qu'il ne tombe pas ?

(Fureur et Mystère)

CET AMOUR

Cet amour
Si violent
Si fragile
Si tendre
Si désespéré
Cet amour
Beau comme le jour
Et mauvais comme le temps
Quand le temps est mauvais
Cet amour si vrai
Cet amour si beau
Si heureux
Si joyeux
Et si dérisoire
Tremblant de peur comme un enfant dans le noir
Et si sûr de lui
Comme un homme tranquille au milieu de la nuit
Cet amour qui faisait peur aux autres
Qui les faisait parler
Qui les faisait blêmir
Cet amour guetté
Parce que nous les guettions

Traqué blessé piétiné achevé nié oublié
Parce que nous l'avons traqué blessé piétiné achevé
[nié oublié
Cet amour tout entier
Si vivant encore
Et tout ensoleillé
C'est le tien
C'est le mien
Celui qui a été
Cette chose toujours nouvelle
Et qui n'a pas changé
Aussi vraie qu'une plante
Aussi tremblante qu'un oiseau
Aussi chaude aussi vivante que l'été
Nous pouvons tous les deux
Aller et revenir
Nous pouvons oublier
Et puis nous rendormir
Nous réveiller souffrir vieillir
Nous endormir encore
Rêver à la mort
Nous éveiller sourire et rire
Et rajeunir
Notre amour reste là
Têtu comme une bourrique

Vivant comme le désir
Cruel comme la mémoire
Bête comme les regrets
Tendre comme le souvenir
Froid comme le marbre
Beau comme le jour
Fragile comme un enfant
Il nous regarde en souriant
Et il nous parle sans rien dire
Et moi je l'écoute en tremblant
Et je crie
Je crie pour toi
Je crie pour moi
Je te supplie
Pour toi pour moi et pour tous ceux qui s'aiment
Et qui se sont aimés
Oui je lui crie
Pour toi pour moi et pour tous les autres
Que je ne connais pas
Reste là
Là où tu es
Là où tu étais autrefois
Reste là
Ne bouge pas
Ne t'en va pas

Nous qui sommes aimés
Nous t'avons oublié
Toi ne nous oublie pas
Nous n'avions que toi sur la terre
Ne nous laisse pas devenir froids
Beaucoup plus loin toujours
Et n'importe où
Donne-nous signe de vie
Beaucoup plus tard au coin d'un bois
Dans la forêt de la mémoire
Surgis soudain
Tends-nous la main
Et sauve-nous.

TABLE

Cet ouvrage composé
par D.V. Arts Graphiques à Chartres
a été achevé d'imprimer en décembre 1997
dans les ateliers de France-Quercy
à Cahors
pour le compte des Éditions de l'Archipel
département éditorial
de la S.A.R.L. Écriture-Communication.

Imprimé en France
N° d'édition : 200 – N° d'impression : 72023
Dépôt légal : janvier 1998